Norman Klaar

SCHLUSS MIT LUSTIG

Alles Liebe
zur Hochzeit

Für: ....

Von: ....

LAPPAN

War die Hochzeitsparty
richtig steil, wird die
Hochzeitsnacht
meist nicht so geil!

KONFUZIUS
KLAGT:

BEZIEHUNGSTIPP

Planen Sie Ihre
Männer-/ Frauenabende
immer parallel zum Besuch
der Schwiegermutter.

LASST BLUMEN SPRECHEN.

MEINE MAMA HAT IMMER
GESAGT, DAS LEBEN IST WIE EINE
XXL-PACKUNG BRATWURST FÜR 1.79
VOM DISCOUNTER. MAN WEISS NIE,
WAS MAN KRIEGT.

ICH WÜRDE FÜR DICH STERBEN, GELIEBTER!
OH. MA CHÉRIE, ICH WÜRDE DIR DIE STERNE VOM HIMMEL HOLEN!
AAAAAAH!

CHECKLISTE FÜR EINE ENTSPANNTE EHE

- **Dieses Buch lesen** ☑
- Ein kleines Wein- oder Bierlager im Haus einrichten ☐
- Hochzeitstag tätowieren ☐
- Kreditkarte oder Dauerkarte bereithalten ☐
- Lieblingsrestaurant oder Stammkneipe suchen ☐
- Für alternative Übernachtungsmöglichkeit sorgen ☐
- Ohrstöpsel ☐
- Das Buch „Diskussionen geschmeidig beenden" studieren ☐
- Ein Haustier, das einen bedingungslos liebt, anschaffen ☐
- Telefonliste von potenziellen Babysittern anlegen ☐

HOCHZEITSTRADITIONEN AUS ALLER WELT

SAN SAN KUDO (JAPAN)

Im Land des Lächelns lässt man es schon vor der Ehe ordentlich krachen. Beim traditionellen San San Kudo kippen sich Brautpaar mitsamt den Eltern schon während der Zeremonie ordentlich Reisschnaps hinter die Binde. Natürlich nicht aus purer Verzweiflung, wegen dem, was da kommen wird, sondern vielmehr, um die Verbindung der Familien zu besiegeln. Praktischerweise befreit die Tradition das Brautpaar auch noch von ihren individuellen Fehlern der Vergangenheit. Na denn, Kanpai.

WAS OMA
SCHON WUSSTE

Die Ehe ist wie ein
guter Schmorbraten -
man braucht viel Zeit
und Rotwein.

Kommt die Ehe
in die Jahre,
bekommt der Herr
mehr Bauch statt Haare.

KONFUZIUS
KLAGT:

WIEDER LETZTER!

WIEDER ERSTER!

SCHRÖDINGERS
MÄNNER · PARADOXON

BEZIEHUNGSTIPP

Liebe heißt auch loslassen.

WAS OMA
SCHON WUSSTE

Leidenschaft ist
wie kalte Pizza –
man kann sie
wunderbar aufwärmen.

WIE SAGE ICH ES MEINEM SCHATZ?

KRITISCH: **Du bist ganz schön kahl geworden.**

BESSER: Du hast aber eine ausgeprägte Denkerstirn bekommen.

KRITISCH: **Du bist ganz schön dick geworden.**

BESSER: Toll, dass du zeigst, wie gut es uns geht.

KRITISCH: **Deine besten Jahre sind vorbei.**

BESSER: Du bist nicht alt, die Gravitation findet dich einfach sehr attraktiv.

KRITISCH: **Die Nachbarin/Der Nachbar ist auch nicht von schlechten Eltern.**

BESSER: Manche Menschen haben ein unverschämtes Glück mit ihrer Genetik.

MUSST DU EIGENTLICH
IMMER DAS LETZTE WORT...

HABEN!

TIERISCHE LIEBESBEWEISE

FÜRSORGLICH

Klar, kochende Männer und dekorative An-
wesen beeindrucken auch manche Frau. Aber
spätestens beim Nachwuchs bleibt der Hauptteil
dann doch wieder and den Damen hängen. Wie
praktisch ist da doch das Seepferdchen-Leben.
Hier schwängert nämlich sie ihn. Während die
Dame dann fröhlich ihrer Wege schwimmt, darf
er sich mit Übelkeit und Heißhungerattacken
herumschlagen, bis er heldengleich eine neue
Generation in die Welt entlässt.

KULINARISCH

Um die Angebetete zum Liebesspiel zu animieren, setzt Herr Listspinne voll auf das Motto: Liebe geht durch den Magen. Dafür bringt er ihr einen leckeren Snack mit, den er auch noch liebevoll und aufwendig verpackt hat. Zur Belohnung geht's dann auch schon während des Dinners zur Sache. Vorsicht ist jedoch geboten, wenn das Schäferstündchen zu lang und das Menü zu kurz ist. Schon manch ein Spinnenmann mutierte spontan vom Liebespartner zur Lieblingsspeise.

EIN HIGHLIGHT JEDER HOCHZEIT
IST IMMER DER BRAUTSTRAUßWURF.

HOCHZEITSTRADITIONEN AUS ALLER WELT 🌍

ORIGINAL BRAUTSTRAUSS-WURF (USA)

Klar, ein alter Hut. Wir haben alle schon gesehen, wie sich Horden von ledigen Frauen hinter der Dame in Weiß versammeln, um das meist schon welke Blumenbouquet zu ergattern. Im Mutterland dieser Tradition geht es allerdings noch weiter. Hier müssen auch die unverheirateten Männer ran und das blaue Strumpfband der Braut, höchstpersönlich vom Herrn des Hauses geworfen, erobern. Danach steckt man Blumenmädchen und Strumpfbandhalter direkt zum ersten Tanz zusammen. Kuppeln im Style des American Way of Life.

BEZIEHUNGSTIPP

Schreiben Sie sich
kleine Nachrichten, –
z. B. „Zehn Eier, Milch,
Klopapier mitbringen."

Lässt man den Herrn
allein zu Haus,
siehts hinterher
meist übel aus.

KONFUZIUS
KLAGT:

NORMALERWEISE MACHE ICH
DAS NICHT BEIM ERSTEN DATE!

ALTERNATIVE HOCHZEITSJUBILÄEN
FÜR UNGEDULDIGE!

Warten war noch nie Ihre Stärke? Sie finden generell, man soll die Feste feiern, wie sie fallen? Prima, dann kommen hier zehn alternative Hochzeitsjubiläen, die Sie schon im ersten Jahr abfeiern können.

1. TAG: KATERHOCHZEIT

Der Tag danach, Zeit fürs Konterbier.

7. TAG: WOCHENHOCHZEIT

Die erste Woche haben Sie geschafft. Glückwunsch.

25. TAG: KLEINE SILBERHOCHZEIT

Wozu (erst) 25 Jahre warten?!

50. TAG: KLEINE GOLDHOCHZEIT

Zur großen dauert es auch nur noch 18249 Tage.

99. TAG: SCHNAPSZAHLHOCHZEIT
Heute ist der Name Programm. Prost!

136. TAG: SCHWIEGERMUTTERHOCHZEIT
Feiern Sie doch einmal die Frau, der
Sie ihr ganzes Glück verdanken!

183. TAG: HALBZEITHOCHZEIT
Heute haben Sie schon die erste Hälfte
Ihres ersten Ehejahres gemeistert.

213. TAG: VERFLIXTE-SIEBTE-HOCHZEIT
Sieh einer an, sieben Monate sind
schon vergangen. Chapeau!

300. TAG: SPARTANERHOCHZEIT
Diese sollten Sie aber nicht spartanisch
begehen, machen Sie ein Fass auf. Salute!

365. TAG: ÜBERGANGSHOCHZEIT
Gratulation! Ein Jahr seit Ihrem Bund fürs Leben.
Feiern Sie doch direkt in die Papier-Hochzeit rein.

ICH HAB' HEUTE MEINE TRAUMFRAU GETROFFEN!

HOCHZEITSTRADITIONEN AUS ALLER WELT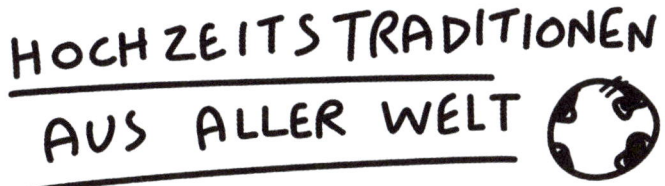

HOCHZEITSSCHIESSEN (ÖSTERREICH)

Sie haben richtig gelesen. Also, packen Sie einfach einmal alles zusammen, was von Silvester übrig ist, oder leihen sich Opas alte Flinte. Dann böllern und ballern Sie die zukünftige Braut frühmorgens nach Herzenslust aus den Federn. Neben einem Heidenspaß vertreiben Sie so auch noch, dem Glauben nach, die bösen Geister und sichern dem Brautpaar eine lange und glückliche Ehe.

GOODZILLA

BEZIEHUNGSTIPP

Wenn die Ehe mal
sinnlos scheint,
denken Sie an Sisyphos!

BRING MIR WAS
SCHÖNES MIT!

WAS SIE SICH SCHON IMMER MAL SAGEN WOLLTEN,
ABER NUR TRAUEN ZU SCHREIBEN.

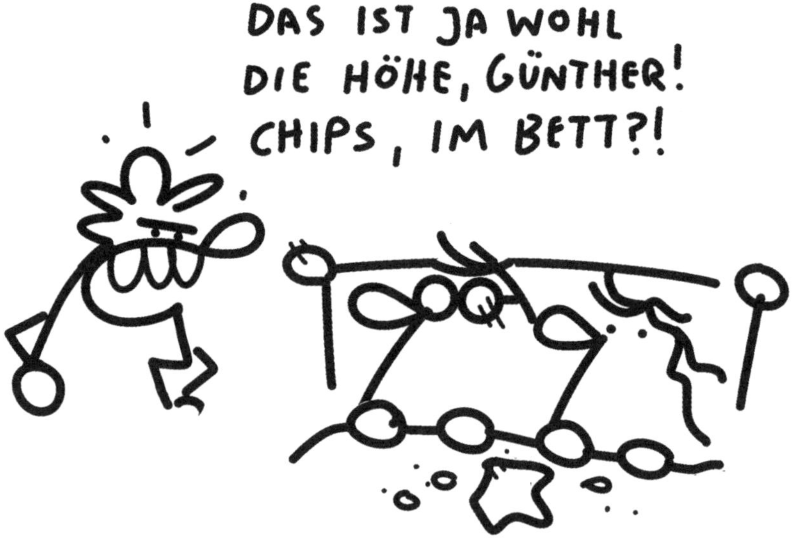
DAS IST JA WOHL
DIE HÖHE, GÜNTHER!
CHIPS, IM BETT?!

WAS OMA
SCHON WUSSTE

Wer schläft,
sündigt nicht,
wer beischläft,
eventuell schon.

Dieses Buch endet hier.
Wahre Liebe endet nie!

Norman Klaar wurde 1980 im wunderschönen Rheinland geboren. Heute schreibt er Bücher für Kinder und Erwachsene und kritzelt Cartoons. Seit 2020 betreibt der Autor den stetig wachsenden Instagram-Kanal »klaartoons« sowie den gleichnamigen Twitter-Account, auf denen er zahlreiche Cartoons zum alltäglichen Leben und dem Wahnsinn dieser Welt zeigt. Zum Schmunzeln, Grübeln oder, um sie einfach lieb zu haben.

1. Auflage 2023

– Originalausgabe –

© 2023 Lappan Verlag in der Carlsen Verlag GmbH, Völckersstr. 14, 22765 Hamburg

ISBN 978-3-8303-6414-6

Texte & Cartoons: Norman Klaar

Lektorat: Jana Legal

Herstellung | Gestaltung: Monika Swirski

Covergestaltung: Ulrike Boekhoff

Wir produzieren nachhaltig
- Klimaneutrales Produkt
- Papiere aus nachhaltigen und kontrollierten Quellen
- Hergestellt in Europa

MIX
Papier | Fördert gute Waldnutzung
FSC® C018236

FSC
www.fsc.org

FOLGT UNS! facebook.com/lappanverlag
Instagram.com/lappanverlag
w w w . l a p p a n . d e

ISBN 978-3-8303-6388-0

ISBN 978-3-8303-6409-2

ISBN 978-3-8303-3659-4

ISBN 978-3-8303-6386-6

Bücher, die Spaß bringen!